»Auf die Plätzchen, fertig – los!«

wird es sicher bald bei Ihnen heißen – und das nicht nur zur Weihnachtszeit.

Reichen Sie doch einmal zum Kaffeekränzchen feine Butterplätzchen oder frische, knusprige Schweinsöhrchen. Oder krönen Sie die Teestunde mit klassischen englischen Shortbread.

Alle Plätzchen sind leicht nachzubacken und gelingen garantiert auch Anfängern. Aber selbst erfahrene Backkünstler werden hier bald ihr Lieblingsplätzchen finden!

Butterherzen

Dieses feine und mürbe Buttergebäck zergeht auf der Zunge ...

Gelingt leicht

Zutaten für etwa 60 Stück:
190 g weiche Butter
90 g Zucker
1 Prise Salz
3 Eigelb + 1 Eigelb zum Bestreichen
1 Vanilleschote
250 g Mehl
40 g Hagelzucker
Für das Backblech: Backpapier
Für die Arbeitsfläche: Mehl

- Vorbereitungszeit: etwa 50 Minuten
- Kühlzeit: etwa 1 Stunde
- Backzeit: etwa 20 Minuten pro Blech

Pro Stück etwa: 200 kJ/48 kcal

1

Die Butter in kleinen Stückchen in eine Schüssel geben. Den Zucker, das Salz und 3 Eigelbe hinzufügen. Die Vanilleschote längs aufschlitzen, das Mark herausschaben und dazugeben (Seite 18). Alles mit den Quirlen des Handrührgerätes (oder einem Schneebesen) schaumig rühren.

2

Das Mehl dazusieben und alles rasch zu einem glatten, geschmeidigen Teig verkneten. Diesen Butterteig etwas flach drücken, in Klarsichtfolie einschlagen und etwa 1 Stunde im Kühlschrank ruhen lassen.

3

Den Backofen auf 175° vorheizen. Das Blech mit Backpapier belegen.

4

Die Arbeitsfläche mit Mehl bestäuben und den Teig mit dem Teigroller etwa 1/2 cm dünn ausrollen. Mit einem Herzen-Ausstechförmchen den Teig ausstechen. Die Herzen im Abstand von etwa 3 cm auf das Backpapier legen. Die Teigreste immer wieder zusammenkneten, ausrollen und ausstechen.

5

Das Eigelb mit dem Backpinsel etwas verrühren und die Herzen dünn damit bestreichen. Vorsichtig mit dem Hagelzucker bestreuen. Im Backofen (Mitte, Umluft 160°) in etwa 20 Minuten goldgelb backen. Die fertig gebackenen Plätzchen auf ein Kuchengitter legen und auskühlen lassen. Auf dem gleichen Backpapier die nächsten Plätzchen backen.

Vanillebrezeln

Hier helfen Ihre Kinder sicherlich begeistert beim Brezelnformen mit.

Dekorativ

Zutaten für etwa 70 Stück:
250 g Mehl
1 Ei
125 g weiche Butter
100 g Zucker
1 Prise Salz
1 Vanilleschote
Für die Glasur:
1 Vanilleschote
100 g Puderzucker
Für die Arbeitsfläche: Mehl
Für das Backblech: Backpapier

- Vorbereitungszeit: etwa 1 Stunde
- Kühlzeit: etwa 1 Stunde
- Backzeit: etwa 20 Minuten pro Blech

Pro Stück etwa: 160 kJ/38 kcal

Eine dekorative Variante zu den Vanillebrezeln sind Schokobrezeln (auf dem Titelbild): 80 g Zartbitter-Kuvertüre schmelzen und die gebackenen Brezeln in die Kuvertüre tauchen. Auf Backpapier trocknen lassen.

1

Das Mehl auf die Arbeitsfläche sieben und in die Mitte eine Mulde drücken. Das Ei hineingeben und die Butter in kleinen Flöckchen, den Zucker und das Salz auf dem Mehlrand verteilen. Die Vanilleschote längs aufschlitzen, das Mark herausschaben und hinzufügen (Seite 18).

2

Alle Zutaten mit einem Messer zu Bröseln hacken und dann mit den Händen zu einem glatten Mürbeteig verkneten (Seite 19). Die Teigkugel in Klarsichtfolie einschlagen und 1 Stunde im Kühlschrank ruhen lassen.

3

Den Backofen auf 175° vorheizen. Die Arbeitsfläche mit Mehl bestäuben. Den Teig durchkneten und dünn ausrollen. Mit einem Messer Streifen von etwa 1 cm Breite und 15 cm Länge schneiden. Die Streifen zu Stäbchen rollen und dann zu Brezeln formen (Seite 18).

4

Das Backblech mit Backpapier belegen und die Brezeln auf das Blech legen. Im Backofen (Mitte, Umluft 160°) in 15–20 Minuten goldgelb backen.

5

Für die Glasur das herausgekratzte Vanillemark, den Puderzucker und 2 Eßlöffel heißes Wasser verrühren. Den Guß auf die Brezeln streichen.

Haferflocken-plätzchen

Köstliche Plätzchen, die lange haltbar sind, aber sicher nicht lange halten ...

Schmeckt Kindern

Zutaten für etwa 50 Stück:
125 g Butter
250 g Haferflocken
125 g Mehl
1 Päckchen Backpulver
125 g Kartoffelmehl
175 g Zucker
1 Päckchen Vanillinzucker
1 Prise Salz
1/2 Teel. Zimtpulver
1 Teel. abgeriebene Schale einer unbehandelten Zitrone
2 Eier
3 Eßl. Milch
Für das Blech: Backpapier

- Zubereitungszeit: etwa 45 Minuten
- Backzeit: etwa 30 Minuten pro Blech

Pro Stück etwa: 300 kJ/71 kcal

1

Die Butter in einem Töpfchen aufschäumen lassen. Die Haferflocken in eine Schüssel geben und die heiße Butter darüber gießen. Unter häufigem Rühren wieder leicht abkühlen lassen.

2

Das Mehl mit dem Backpulver dazusieben. Das Kartoffelmehl, den Zucker, den Vanillinzucker, das Salz, den Zimt und die Zitronenschale zu den Haferflocken geben. Die Eier und die Milch dazugeben und die Teigmasse mit einem Rührlöffel kräftig durcharbeiten.

3

Den Backofen auf 180° vorheizen. Das Backblech mit Backpapier belegen.

4

Mit den Fingern kleine Häufchen der Haferflockenmasse in etwa 3 cm Abstand auf das Blech setzen. Im Backofen (Mitte, Umluft 160°) in 25–30 Minuten hellbraun backen. Die fertigen Plätzchen auf ein Kuchengitter legen und abkühlen lassen.

Alle Plätzchen halten sich in Blechdosen, nach Sorten getrennt, mehrere Wochen.

Pistazientaler

Gefüllt und hübsch dekoriert – auch ein Augenschmaus.

Raffiniert

Zutaten für etwa 45 Stück:
300 g Mehl
100 g Puderzucker • 1 Prise Salz
150 g weiche Butter oder Margarine
3 Eßl. saure Sahne
50 g gehackte Pistazien
4 Eßl. Orangenmarmelade
Für die Dekoration:
150 g Puderzucker
2 Eßl. Orangensaft
1 Eßl. Johannisbeergelee
40 g ganze Pistazien
Für das Backblech: Backpapier
Für die Arbeitsfläche: Mehl

• Vorbereitungszeit: etwa 50 Minuten
• Kühlzeit: etwa 1 Stunde
• Backzeit: etwa 10 Minuten pro Blech

Pro Stück etwa: 350 kJ/83 kcal

Versuchen Sie folgende Variante: Aus dem Teig mit einem runden gezackten Förmchen (Durchmesser etwa 4 cm) Plätzchen ausstechen, davon die Hälfte mit Loch. Nach dem Backen die Ringe mit Puderzucker bestäuben und die Plätzchen mit Johannisbeergelee zusammensetzen (auf dem Titelbild).

1

Das Mehl mit dem Puderzucker auf die Arbeitsfläche sieben. Das Salz, die Butter oder die Margarine in kleinen Flöckchen dazugeben. Die Sahne und die Pistazien hinzufügen und alle Zutaten mit einem Messer zu Bröseln hacken, dann mit den Händen zu einem glatten Teig verkneten (Seite 19). Die Teigkugel in Klarsichtfolie einschlagen und 1 Stunde im Kühlschrank ruhen lassen.

2

Den Backofen auf 160° vorheizen. Das Backblech mit Backpapier belegen.

3

Die Arbeitsfläche mit Mehl bestäuben. Den Teig nochmals durchkneten und etwa 2 mm dünn ausrollen. Mit einem runden Förmchen oder einem Glas (Durchmesser etwa 4 cm) Taler ausstechen und auf das Blech legen. Im Backofen (Mitte, Umluft 150°) in 8–10 Minuten goldgelb backen.

4

Die Taler auf einem Kuchengitter auskühlen lassen. Die Hälfte der Taler mit etwas Orangenmarmelade bestreichen, die anderen Taler darauf setzen.

5

Den Puderzucker mit dem Orangensaft und dem Johannisbeergelee zu einem glatten Guß verrühren. Die Plätzchen damit bestreichen und mit je 3–4 Pistazienhälften verzieren.

Zitronenringe

Leichte und aromatische Plätzchen, die auch Backanfängern gelingen.

Originell

Zutaten für etwa 48 Stück:
200 g weiche Butter
1 Eigelb
130 g Puderzucker
1 Vanilleschote
300 g Mehl
1 Prise Salz
abgeriebene Schale von 2 unbehandelten Zitronen
1 Eßl. Zitronensaft
Für den Guß:
150 g Puderzucker
2 1/2 Eßl. Zitronensaft
gehackte Pistazien nach Belieben
Für die Arbeitsfläche: Mehl
Für das Backblech: Backpapier

- Vorbereitungszeit: etwa 50 Minuten
- Kühlzeit: etwa 1 Stunde
- Backzeit: etwa 25 Minuten pro Blech

Pro Stück etwa: 330 kJ/79 kcal

1

Die Butter, das Eigelb und den Puderzucker in eine Schüssel geben. Die Vanilleschote längs aufschlitzen, das Mark herauskratzen (Seite 18) und hinzufügen. Alles mit den Quirlen des Handrührgerätes in etwa 5 Minuten schaumig rühren.

2

Das Mehl dazusieben, das Salz, die Zitronenschale und den Saft hinzufügen und alle Zutaten zu einem glatten Teig verarbeiten. Den Teig in Klarsichtfolie einschlagen und etwa 1 Stunde im Kühlschrank ruhen lassen.

3

Den Teig in vier gleiche Stücke teilen. Jedes Stück zu einer Rolle von etwa 20 cm Länge rollen. Die vier Rollen in jeweils 12 Scheiben schneiden und jede Scheibe zu einer Kugel drehen.

4

Eine Arbeitsfläche mit Mehl bestäuben. Jede Kugel zu einem langen, dünnen Strang ausrollen (etwa 13 cm). Den Backofen auf 150° vorheizen. Das Blech mit Backpapier belegen.

5

Die Stränge auf das Blech legen und dort in genügend Abstand zu kleinen Ringen formen. Die Enden jeweils übereinander festdrücken. Im Backofen (Mitte, Umluft 140°) in 20–25 Minuten goldgelb backen.

6

Die gebackenen Zitronenringe auf einem Kuchengitter abkühlen lassen. Für den Guß den Puderzucker mit dem Zitronensaft dickflüssig und glatt verrühren. Mit einem Backpinsel den Guß dick auf die Ringe streichen und nach Belieben mit gehackten Pistazien bestreuen.

Haselnuß-Mokka-Makronen

Die Makrönchen sollten außen knusprig, aber innen noch weich sein.

Exklusiv • Schnell

Zutaten für etwa 60 Stück:
3 Eiweiß
1 Prise Salz
200 g Zucker
1 Teel. Zitronensaft
200 g gemahlene Haselnußkerne
20 g Speisestärke
2 Eßl. fein gemahlener Bohnenkaffee
2 Prisen Zimt
Für das Backblech: Backpapier
Außerdem: 1 Spritzbeutel mit großer Lochtülle

• Vorbereitungszeit: etwa 30 Minuten
• Backzeit: etwa 30 Minuten pro Blech

Pro Stück etwa: 170 kJ/40 kcal

1

Die Eiweiße mit den Quirlen des Handrührgerätes zu halbsteifem Schnee schlagen. Das Salz und nach und nach den Zucker dazugeben. Den Eischnee schlagen, bis er richtig steif ist, das dauert etwa 5 Minuten. Zum Schluß den Zitronensaft hinzufügen und auf höchster Stufe schlagen, bis die Eiweißmasse schön glänzt und weiche Spitzen bildet.

2

Den Backofen auf 140° vorheizen. Das Blech mit Backpapier belegen.

3

In einer Schüssel die Nüsse mit der Speisestärke, dem Kaffee und dem Zimt vermischen. Diese Mischung vorsichtig unter den steifen Eischnee heben (nicht rühren!).

4

Die Masse in den Spritzbeutel füllen und in genügend Abstand (etwa 3 cm) runde oder längliche Makronen auf das Blech drücken. Im Backofen (Mitte, Umluft 140°) 25–30 Minuten mehr trocknen als backen. Noch heiß vom Blech lösen und auf einem Kuchengitter auskühlen lassen.

Backpapier kann immer mehrmals verwendet werden.

S-Gebäck

Ein Spritzgebäck mit zartem Orangen-
aroma.

Raffiniert

Zutaten für etwa 70 Stück:
1 Ei
2 Eigelb
125 g brauner Zucker
1 Vanilleschote
1 Teel. abgeriebene Schale einer unbehandelten Orange
1 Eßl. Orangenlikör (ersatzweise
Orangensaft)
150 g weiche Butter
250 g Mehl
1/2 Päckchen Backpulver
1 Prise Salz
100 g Zartbitter-Kuvertüre
Für das Backblech: Backpapier
Außerdem: 1 Backspritze mit großer
Tülle

• Vorbereitungszeit: etwa 1 Stunde
• Backzeit: etwa 12 Minuten pro Blech

Pro Stück etwa: 200 kJ/48 kcal

1

Das Ei und die Eigelbe mit dem Zucker
in einer Schüssel verrühren. Die Vanilleschote längs aufschlitzen und das Mark
mit einem Teelöffel herauskratzen
(Seite 18). Das Mark, die Orangenschale
und den Likör mit den Quirlen des
Handrührgerätes unter die Eier rühren,
bis die Masse schön cremig ist.

2

Nach und nach die Butter in kleinen
Stückchen in die Masse einrühren. Das
Mehl mit dem Backpulver dazusieben,
das Salz hinzufügen und alles zu einem
glatten Teig verarbeiten. Den Backofen
auf 175° vorheizen. Das Blech mit Backpapier belegen.

3

Von der Teigmasse kleine Portionen in
die Backspritze füllen (für den Spritz-
sack ist der Teig zu fest) und in genügend Abstand gleichmäßige »S« auf das
Blech spritzen (Seite 18). Im Backofen
(Mitte, Umluft 160°) in etwa 12 Minuten hellgelb backen.

4

Die Kuvertüre in kleine Stückchen
hacken. In einem hohen Töpfchen im
heißen Wasserbad unter Rühren
schmelzen. Die gebackenen Plätzchen
auf einem Kuchengitter abkühlen lassen und dann jedes »S« knapp zur Hälfte in die Kuvertüre tauchen. Wieder auf
das Gitter legen (Papier unterlegen!)
und trocknen lassen (Seite 18).

Vanillebrezeln zubereiten

S-Gebäck zubereiten

1 Die Vanilleschote mit einem Messer längs aufschlitzen und das Mark herausschaben. Das Vanillemark zum Teig geben.

1 Von der Teigmasse kleine Portionen in die Backspritze füllen. Auf das vorbereitete Blech sorgfältig schöne und gleichmäßige »S« drücken.

2 Aus dem ausgerollten Teig Streifen von etwa 1 cm Breite und 15 cm Länge schneiden. Die Streifen zu Stäbchen rollen und daraus kleine Brezeln formen.

2 Die Kuvertüre kleinhacken und im heißen Wasserbad schmelzen lassen. Die gebackenen »S« etwa zur Hälfte in die Kuvertüre tauchen und auf einem Kuchengitter trocknen lassen.

Mürbeteig zubereiten

Mürbchen zubereiten

1 Für den Mürbeteig das Ei in die Mehlmulde geben und die anderen Zutaten auf dem Rand verteilen.

1 Den Teig halbieren, unter eine Hälfte den Kakao kneten. Die Hälften zu rechteckigen Platten ausrollen, die helle mit Eiweiß bestreichen und die dunkle Platte darauf legen.

2 Alles mit einem Messer hacken, bis kleine Brösel entstehen. Je kleiner die Brösel sind, um so besser wird der Teig. Dann alles mit den Händen zu einem festen Mürbeteig kneten.

2 Von der breiten Seite her den Teig fest aufrollen. Nach der Kühlzeit von der Rolle knapp 1/2 cm dicke Scheiben abschneiden, die nun schön spiralenförmig und gleichmäßig aussehen sollten.

Schweinsöhrchen

Knusprig und frisch schmecken sie am besten!

Preiswert

Zutaten für etwa 40 Stück:
300 g Blätterteig, tiefgekühlt
1 1/2 Eßl. Butter
100 g Zucker
1 Päckchen Vanillinzucker

- Zubereitungszeit: etwa 40 Minuten
- Kühlzeit: etwa 20 Minuten
- Backzeit: etwa 20 Minuten

Pro Stück etwa: 190 kJ/45 kcal

1

Die Blätterteigscheiben nebeneinander legen und bei Zimmertemperatur in etwa 10 Minuten auftauen lassen.

2

Die Butter in einem Pfännchen schmelzen und wieder abkühlen lassen. Die Teigplatten leicht mit Wasser bestreichen und wieder aufeinanderlegen. Den Zucker mit dem Vanillinzucker mischen. Die Arbeitsfläche mit etwas Zucker bestreuen und darauf die Teigplatten zu einem Quadrat (etwa 30 x 30 cm) ausrollen.

3

Auf den ausgerollten Teig die Butter mit einem Backpinsel streichen und etwa mit der Hälfte des Zuckers bestreuen. Nun den Teig von beiden Seiten her fest und gleichmäßig zur Mitte einrollen (Seite 34). Die Rolle auf einem länglichen Brett oder einer Platte etwa 20 Minuten in den Kühlschrank stellen.

4

Die Teigrolle mit einem scharfen Messer in 1/2 cm dünne Scheiben schneiden. Den Backofen auf 200° vorheizen.

5

Ein Backblech mit kaltem Wasser abspülen, aber nicht abtrocknen. Jedes Schweinsöhrchen mit einer Seite in den restlichen Zucker drücken und die ungezuckerte Seite auf das Blech legen. Im Backofen (Mitte, Umluft 180°) etwa 15 Minuten backen. Dann alle Schweinsöhrchen mit einer Palette wenden und weitere 5 Minuten backen, damit der Zucker auf beiden Seiten goldbraun karamelisieren kann.

Schokoladenkipferl

Zartes Gebäck mit unwiderstehlichem Schokoladengeschmack.

Braucht etwas Zeit

Zutaten für etwa 40 Stück:
200 g Mehl
180 g weiche Butter
80 g Zucker
1 Prise Salz
100 g gemahlene Haselnußkerne
50 g Bitterschokolade
Zum Bestreuen: 2 Eßl. Puderzucker
Für das Backblech: Backpapier
Für die Arbeitsfläche: Mehl

- Vorbereitungszeit: etwa 1 1/2 Stunden
- Kühlzeit: etwa 1 Stunde
- Backzeit: etwa 20 Minuten pro Blech

Pro Stück etwa: 350 kJ/83 kcal

Während das erste Blech im Ofen ist, können Sie schon die restliche Plätzchenmasse verarbeiten und auf einem zweiten und dritten Backpapier verteilen. Das Papier wird dann auf das freie Blech gezogen.

1

Das Mehl auf die Arbeitsfläche sieben. Die Butter in kleinen Flöckchen, den Zucker, das Salz und die gemahlenen Haselnüsse hinzufügen. Die Schokolade fein reiben und dazugeben. Alle Zutaten zu einem glatten Teig verkneten. Die Teigkugel in Klarsichtfolie einschlagen und 1 Stunde im Kühlschrank ruhen lassen.

2

Den Backofen auf 160° vorheizen. Das Blech mit Backpapier belegen.

3

Die Arbeitsfläche mit Mehl bestäuben und den Teig nochmals durchkneten. Jeweils eine Scheibe abschneiden und diese vorsichtig zu einem Strang, etwa so dick wie ein Kochlöffelstiel, rollen. Davon etwa 7 cm lange Stückchen abschneiden, halbrund zu Hörnchen formen und im Abstand von etwa 3 cm auf das Blech legen (Seite 34).

4

Die Kipferl im Backofen (Mitte, Umluft 150°) etwa 20 Minuten backen. Auf einem Kuchengitter auskühlen lassen und mit Puderzucker bestäuben.

Sächsische Mürbchen

Diese zweifarbigen Plätzchen sind wunderbar mürbe und lange haltbar.

Spezialität

Zutaten für etwa 45 Stück:
250 g Mehl
1 Ei
125 g kalte Butter
80 g Zucker
1 Päckchen Vanillinzucker
1 Prise Salz
1 Teel. abgeriebene Schale einer unbehandelten Zitrone
2 Eßl. Kakaopulver
2 Eßl. Milch
1 Eiweiß
Für die Arbeitsfläche: Mehl
Für das Backblech: Backpapier

• Vorbereitungszeit: etwa 50 Minuten
• Kühlzeit: etwa 1 Stunde
• Backzeit: etwa 20 Minuten pro Blech

Pro Stück etwa: 210 kJ/50 kcal

1

Das Mehl auf die Arbeitsfläche sieben und in die Mitte eine Mulde drücken. Das Ei hineingeben, die Butter in kleinen Stückchen, den Zucker, den Vanillinzucker, das Salz und die Zitronenschale auf dem Mehlrand verteilen (Seite 19).

2

Alle Zutaten mit einem Messer zu Bröseln hacken und dann mit den Händen zu einem glatten und festen Mürbeteig verkneten. Den Teig halbieren. Das Kakaopulver mit der Milch verrühren und den Brei unter eine Teighälfte kneten, bis der Teig gleichmäßig dunkel ist (Seite 19).

3

Die Arbeitsfläche leicht mit Mehl bestäuben. Jede Teighälfte etwa 3 mm dünn zu einer rechteckigen Platte ausrollen. Das Eiweiß verquirlen und die helle Platte damit bestreichen. Die Kakaoplatte darauf legen und beide zusammendrücken. Nun von der breiten Seite her fest aufrollen (Seite 19). Die Rolle in Klarsichtfolie einschlagen und etwa 1 Stunde im Kühlschrank ruhen lassen.

4

Den Backofen auf 180° vorheizen. Das Blech mit Backpapier belegen.

5

Von der Rolle mit einem Messer knapp 1/2 cm dicke Scheiben abschneiden und auf das Blech legen (Seite 19). Im Backofen (Mitte, Umluft 160°) 15–20 Minuten backen.

Shortbread

Dieses feine englische Mürbeteiggebäck ist der ideale Begleiter zur Teestunde.

Gelingt leicht • Schnell

Zutaten für etwa 45 Stück:
250 g Mehl
100 g Speisestärke
100 g Puderzucker
1 Vanilleschote
200 g kalte Butter
2 Prisen Salz
Zum Bestreuen:
50 g Zucker
1 Päckchen Vanillinzucker
Für die Backform: Fett

• Vorbereitungszeit: etwa 30 Minuten
• Kühlzeit: etwa 1 Stunde
• Backzeit: etwa 30 Minuten

Pro Stück etwa: 300 kJ/71 kcal

1

Das Mehl, die Speisestärke und den Puderzucker auf die Arbeitsfläche sieben. Die Vanilleschote längs aufschlitzen und das Mark mit einem Messer herauskratzen (Seite 18). Die Butter in kleinen Stückchen, das Vanillemark und Salz hinzufügen und alle Zutaten mit dem Messer zu kleinen Bröseln hacken. Dann mit den Händen zu einem glatten Teig verkneten (Seite 19).

2

Eine rechteckige Backform (etwa 20 x 30 cm) ausfetten. Den Teig mit den Händen flach drücken und die Form damit auslegen. Mehrmals mit einer Gabel einstechen. Den Teig in der Form etwa 1 Stunde im Kühlschrank ruhen lassen.

3

Den Backofen auf 200° vorheizen.

4

Den Kuchen im Backofen (Mitte, Umluft 180°) in 25–30 Minuten goldgelb backen. Den fertigen Kuchen aus der Form stürzen und noch heiß in gleichmäßige, etwa 2 cm breite und 4 cm lange Stückchen schneiden. Den Zucker mit dem Vanillinzucker vermischen und die Shortbread sofort darin wälzen. Zum Auskühlen auf ein Kuchengitter legen.

Brownies

Kleine Schokoladenstückchen, die ganz schnell zubereitet sind.

Gelingt leicht

Zutaten für 1 Backblech (etwa 64 Stückchen):
200 g weiche Butter oder Margarine
250 g Zucker
1 Päckchen Vanillinzucker
1/4 Teel. Salz
4 Eier
6 Eßl. Kakao
5 Eßl. Schokoladenpulver
150 g geriebene Mandeln
250 g Mehl
1 Päckchen Backpulver
Für das Backblech: Backpapier
Zum Bestreuen: Puderzucker

• Vorbereitungszeit: etwa 30 Minuten
• Backzeit: etwa 30 Minuten

Pro Stück etwa: 310 kJ/74 kcal

1

Die Butter oder Margarine in eine Backschüssel geben. Den Zucker, den Vanillinzucker, das Salz und die Eier hinzufügen. Alles mit den Quirlen des Handrührgerätes schaumig rühren. Nun den Kakao, das Schokoladenpulver und die Mandeln unter die Masse rühren.

2

Den Backofen auf 200° vorheizen. Das Blech mit Backpapier belegen.

3

Das Mehl mit dem Backpulver zur Schokoladenmasse sieben, alles gründlich verrühren. Diese Masse auf das Blech geben und gleichmäßig mit einem Teigschaber breit verstreichen.

4

Im Backofen (Mitte, Umluft 180°) etwa 30 Minuten backen. Nach dem Backen auskühlen lassen und den Kuchen in gleichmäßige 4 x 4 cm große Quadrate schneiden. Nehmen Sie dazu am besten ein Lineal. Die Brownies mit Puderzucker bestreuen.

Kokos-Träume

Zu Halbmonden ausgestochen, sehen die Plätzchen traumhaft aus ...

Raffiniert • Festlich

Zutaten für etwa 70 Stück:
275 g Mehl
150 g weiche Butter oder Margarine
2 Eigelb
70 g Zucker
1 Päckchen Vanillinzucker
1 Prise Salz
abgeriebene Schale von 1 unbehandelten Zitrone
2 Eßl. Rum (ersatzweise Orangensaft)
3 Eßl. Kokoscreme (Dose)
60 g Kokosflocken
1 Eßl. Milch
Für die Arbeitsfläche: Mehl
Für das Backblech: Backpapier

• Vorbereitungszeit: etwa 50 Minuten
• Kühlzeit: etwa 1 Stunde
• Backzeit: etwa 12 Minuten pro Blech

Pro Stück etwa: 200 kJ/48 kcal

1

Das Mehl auf die Arbeitsfläche sieben und in die Mitte eine Mulde drücken. Die Butter oder Margarine in kleinen Stückchen auf dem Rand verteilen. 1 Eigelb in die Vertiefung geben. Den Zucker, den Vanillinzucker, das Salz, die Zitronenschale, den Rum und die Kokoscreme hinzufügen (Seite 19).

2

Von den Kokosflocken etwa 4 Eßlöffel abnehmen und zur Seite stellen. Den Rest zum Teig geben und alle Zutaten gründlich mit einem Messer zu Bröseln hacken. Mit den Händen zu einem Mürbeteig verkneten. Die Teigkugel in Klarsichtfolie einschlagen und 1 Stunde im Kühlschrank ruhen lassen.

3

Die Arbeitsfläche mit Mehl bestäuben. Den Teig nochmals durchkneten und etwa 3 mm dünn ausrollen. Mit beliebigen, aber möglichst größeren Ausstechförmchen den Teig ausstechen.

4

Den Backofen auf 180° vorheizen. Das Backblech mit Backpapier belegen.

5

Die Plätzchen auf das Blech legen. Das zweite Eigelb mit der Milch verrühren und mit dem Backpinsel die Plätzchen damit bestreichen. Die restlichen Kokosflocken darauf streuen. Im Backofen (Mitte, Umluft 160°) in etwa 12 Minuten goldgelb backen.

Orangenrauten

Verwöhnen Sie Ihre Familie mit diesen ganz besonderen Plätzchen.

Etwas aufwendiger

Zutaten für etwa 40 Stück:
200 g Mehl • 2 kleine Eier
125 g weiche Butter • 100 g Zucker
1 Prise Salz
2 unbehandelte gewaschene Orangen
200 g geriebene Mandeln
4 cl Orangenlikör (ersatzweise Orangen-saft) • 250 g Puderzucker
Für die Arbeitsfläche: Mehl
Für das Backblech: Backpapier

- Vorbereitungszeit: etwa 1 Stunde 10 Minuten
- Kühlzeit: etwa 1 Stunde
- Backzeit: etwa 30 Minuten pro Blech

Pro Stück etwa: 470 kJ/110 kcal

1

Das Mehl auf die Arbeitsfläche sieben und in die Mitte eine Mulde drücken. Eiweiß vom Eigelb trennen. Das Eigelb in die Vertiefung geben (das Eiweiß für den Guß aufheben). Die Butter in klei-nen Stückchen, 50 g Zucker und das Salz auf dem Mehlrand verteilen (Seite 19). Alle Zutaten mit einem Messer zu Brö-seln hacken. Mit den Händen zu einem glatten, geschmeidigen Teig verkneten. In Klarsichtfolie einschlagen und 1 Stun-de im Kühlschrank ruhen lassen.

2

Von 1 Orange die Schale abreiben und den Saft auspressen. Von der zweiten Frucht die Schale hauchdünn abschälen und in Streifchen schneiden (Seite 35).

3

Die Mandeln mit dem restlichen Zucker, der geriebenen Orangenschale, dem Orangenlikör und 6 Eßlöffeln Saft ver-mischen. Die Masse muß streichfähig sein. Das Blech mit Backpapier belegen. Den Backofen auf 200° vorheizen.

4

Auf bemehlter Arbeitsfläche den Teig durchkneten und halbieren. Eine Hälfte auf dem Blech ausrollen (etwa 25 x 30 cm) und die Mandelmasse gleichmäßig aufstreichen. Die zweite Teighälfte ausrollen und darauf legen.

5

Im Backofen (Mitte, Umluft 180°) etwa 30 Minuten backen. Den abgekühlten Kuchen mit einem Messer zuerst in Streifen (etwa 3 cm), dann schräg in Rauten schneiden (Seite 35).

6

Für den Guß den Puderzucker mit dem Eiweiß und einigen Tropfen Orangen-saft glattrühren. Die Orangenspäne untermischen. Jede Raute mit Hilfe von zwei Gabeln durch den Guß ziehen, auf ein Kuchengitter setzen (unter das Git-ter Papier unterlegen!) und trocknen lassen.

Schweinsöhrchen vorbereiten

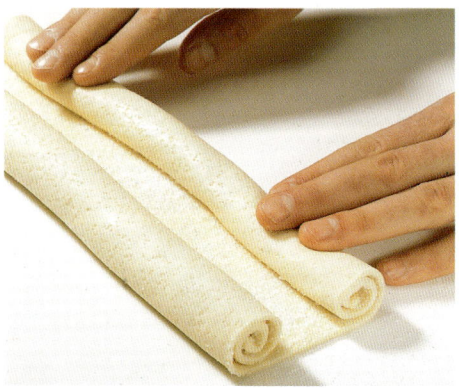

1 Den ausgerollten Blätterteig mit Butter bestreichen und mit Zucker bestreuen. Dann den Teig gleichmäßig und fest von beiden Seiten zur Mitte hin aufrollen.

2 Die Teigrolle mit einem scharfen Messer in etwa 1/2 cm dünne Scheiben schneiden. Jedes Schweinsöhrchen mit einer Seite in Zucker drücken und auf ein abgespültes Blech legen.

Kipferl formen

1 Jede Teigscheibe auf der Arbeitsfläche nochmals durchkneten und zu einem langen Strang ausrollen, der etwa so dick wie ein Kochlöffelstiel sein sollte.

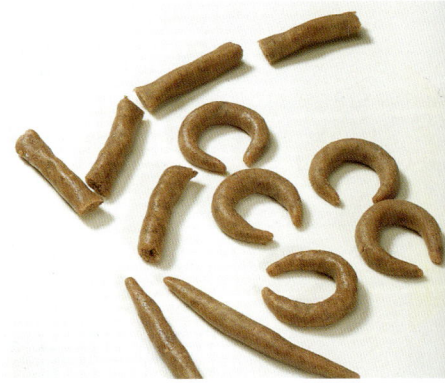

2 Davon etwa 7 cm lange Stückchen abschneiden, die an den Enden spitz zulaufend gerollt werden. Die Stückchen dann zu kleinen Hörnchen bzw. Halbmonden formen.